WEEKLY **WR** READER
EARLY LEARNING LIBRARY

INVENTORES Y SUS DESCUBRIMIENTOS

Los hermanos Wright
y el avión

por Monica L. Rausch

Consultora de lectura: Susan Nations, M.Ed.,
autora/tutora de alfabetización/consultora
de desarrollo de la lectura

Consultora de ciencias y contenido curricular:
Debra Voege, M.A., maestra de recursos
curriculares de ciencias y matemáticas

Please visit our web site at: www.garethstevens.com
For a free color catalog describing Weekly Reader® Early Learning Library's list
of high-quality books, call 1-877-445-5824 (USA) or 1-800-387-3178 (Canada).
Weekly Reader® Early Learning Library's fax: (414) 336-0164.

Library of Congress Cataloging-in-Publication Data

Rausch, Monica.
  [Wright brothers and the airplane. Spanish]
  Los hermanos Wright y el avión / por Monica L. Rausch.
    p. cm. — (Inventores y sus descubrimientos)
  Includes bibliographical references and index.
  ISBN-13: 978-0-8368-7996-4 (lib. bdg.)
  ISBN-13: 978-0-8368-8001-4 (softcover)
  1. Wright, Orville, 1871-1948—Juvenile literature. 2. Wright, Wilbur, 1867-1912—Juvenile literature.
  3. Aeronautics—United States—Biography—Juvenile literature. 4. Inventors—United States—
  Biography—Juvenile literature. I. Title.
  TL540.W7R3818   2006
  629.130092'2—dc22
  [B]   2006035250

This edition first published in 2007 by
Weekly Reader® Early Learning Library
A Member of the WRC Media Family of Companies
330 West Olive Street, Suite 100
Milwaukee, WI 53212 USA

Editor: Dorothy L. Gibbs
Cover design and page layout: Kami Strunsee
Picture research: Sabrina Crewe

Produced in cooperation with A+ Media, Inc.
Editorial Director: Julio Abreu
Editor: Adriana Rosado-Bonewitz
Graphic Design: Faith C. Weeks

Picture credits: cover (both), title page, pp. 4, 7, 8, 11, 14, 17 The Granger Collection, New York; pp. 5, 18,
19 Library of Congress; pp. 6, 12 © Bettmann/Corbis; p. 9 © Underwood & Underwood/Corbis; pp. 15, 20
Courtesy of Special Collections and Archives, Wright State University; p. 16 © North Wind Picture
Archives; p. 21 © Corbis.

Printed in the United States of America

1 2 3 4 5 6 7 8 9 10 10 09 08 07 06

Contenido

Cubierta: El Wright *Flyer* de 1903 fue la primera máquina voladora exitosa que funcionaba con gasolina.

Cubierta y portada: Los inventores estadounidenses Orville (izquierda) y Wilbur Wright fueron los pioneros de la aviación.

Capítulo 1
Los Wright emprenden el vuelo

Un fuerte viento soplaba en la playa en Kitty Hawk, en Carolina del Norte. La fecha fue el 17 de diciembre de 1903. Orville Wright enfrentó el viento frío. Estaba en el ala inferior del Wright *Flyer*. El **motor** del *Flyer* zumbaba, y la máquina empezó a moverse. El hermano de Orville, Wilbur, corría al lado de la máquina.

De repente, el *Flyer* despegó. Voló durante 12 largos segundos. ¡La máquina voladora funcionó! Orville Wright acababa de hacer el primer vuelo en una aeronave más pesada que el aire, impulsada por un motor.

El vuelo de Orville duró 12 segundos. El *Flyer* viajó 36.6 metros (120 pies) .

El Wright *Flyer* fue la primera máquina voladora que permaneció en el aire usando su propia fuerza. No usó únicamente la fuerza del viento. El vuelo de Orville fue el primer vuelo **controlado** por una persona. La máquina no fue simplemente a dónde el viento la empujó.

La fuerza del Wright *Flyer* provino de un motor de gasolina.

ala superior

motor

ala inferior

Capítulo 2
Hermanos fabricantes de bicicletas

Orville Wright nació el 19 de agosto de 1871, en Dayton, Ohio. Wilbur nació cuatro años antes en Millville, Indiana. Cuando los hermanos eran niños, su mamá les hacía juguetes. A los niños les gustaba desarmar los juguetes y volverlos a armar. También les gustaba arreglar cosas que se habían estropeado.

A Orville y Wilbur Wright siempre les habían gustado las máquinas. También les gustaba trabajar juntos. A los 12 años de edad, Orville estudió cómo usar una **prensa**. Más tarde, abandonó la escuela secundaria para empezar un negocio de imprenta. Wilbur se le unió.

En su imprenta en Dayton, Ohio, los hermanos Wright publicaban un periódico semanal. Se llamaba el *West Side News*.

En 1893, Wilbur y Orville abrieron un taller de reparación de bicicletas, junto a su negocio de imprenta.

A los hermanos Wright también les gustaban las bicicletas; cuando eran niños arreglaban las de sus amigos. Más tarde, trataron de hacer que las bicicletas funcionaran mejor al construirlas de otra manera. Ya para 1896, los Wright estaban haciendo sus propias bicicletas, llamadas Wright Cycles.

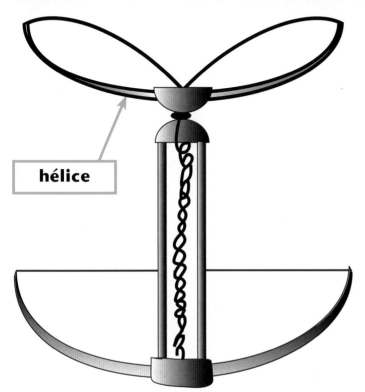

hélice

Su padre una vez dio a Wilbur y a Orville un juguete que tenía una **hélice** y que volaba como un helicóptero. A Orville le gustaba hacer dibujos del juguete. Este dibujo muestra cómo era el juguete.

Orville y Wilbur sentían curiosidad acerca de toda clase de máquinas. Al recordar el **helicóptero** de juguete que tuvieron cuando eran niños, quisieron hacer una máquina mucho más grande que pudiera volar. ¡Querían hacer una máquina voladora que pudiera transportar personas!

Capítulo 3
Cometas y planeadores

Los Wright observaron cómo vuelan las aves. También leyeron acerca del trabajo de otros que estaban tratando de construir máquinas voladoras. Sabían que una máquina voladora tenía que producir su propia fuerza, de modo que pudiera avanzar por sí misma por el aire.

Sin embargo, al contrario de otros, los Wright también sabían que una máquina voladora necesita estar controlada y **equilibrada** en el aire. Tiene que estar controlada y equilibrada de la misma manera que una bicicleta necesita estarlo para andar en ella.

Los hermanos Wright estudiaron el trabajo de Otto Lilienthal, que hizo muchos planeadores durante los años 1890. Lilienthal hizo volar este planeador en 1893.

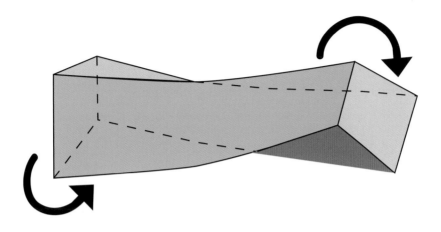

Wilbur estaba torciendo una caja vacía en sus manos cuando descubrió el alabeo del ala.

Wilbur estudió cómo se equilibran las aves en el aire al inclinar hacia arriba y abajo los bordes posteriores de sus alas. Los hermanos usaron una cometa muy grande con dos alas largas para **experimentar**. Trataron de hacer que las alas de una cometa funcionaran como las de un ave. Descubrieron que podían usarse alambres para cambiar momentáneamente la forma de las alas de una cometa. Este cambio momentáneo, llamado **alabeo del ala**, cambiaría la dirección de la cometa.

13

El hacer volar sus planeadores ayudó a los hermanos Wright a ser los más experimentados voladores del mundo.

Después de hacer volar su gran cometa, los hermanos Wright construyeron un planeador que transportaba en su ala inferior a una persona que controlaba la inclinación de las alas. Los Wright ahora sólo necesitaban un lugar donde hiciera mucho viento para hacer volar el planeador. ¡La playa en Kitty Hawk, en Carolina del Norte, era el lugar perfecto!

túnel de viento

En 1901, los hermanos construyeron un planeador de mayor tamaño, pero no funcionó tan bien como el primero. Regresaron a Dayton, Ohio, para estudiar alas. Diferentes formas de alas crean diferentes cantidades de **fuerza ascensional**, o movimiento hacia arriba en el aire.

Los Wright construyeron un túnel de viento para probar cómo fluye el aire alrededor de diferentes formas. Probaron alas de diferentes formas y tamaños hasta que encontraron las mejores.

15

En 1902, Wilbur y Orville regresaron a Kitty Hawk con un nuevo planeador. Cuando lo probaron, Orville descubrió que mover el **timón** ayudó a dirigir el planeador. Wilbur descubrió que conectar el alambre para el timón al alambre para las alas, daba al **piloto** mejor control de la dirección del planeador.

Un timón se mueve hacia atrás o adelante para hacer que un avión vaya hacia la izquierda o la derecha. Cuando los bordes de las alas se doblan, el avión se inclina.

timón

alambres

alas

timón

© North Wind Picture Archive

Capítulo 4
El Wright *Flyer*

Saber cómo controlar un planeador fue un paso importante. Ahora, los hermanos Wright estaban listos para construir un planeador con motor — ¡la primera máquina voladora! Orville y Wilbur construyeron una máquina que tenía alas más largas y era más sólida que sus planeadores.

hélices

Los hermanos Wright fueron los primeros en descubrir que las hélices funcionan como alas giratorias.

La máquina tenía que ser capaz de llevar un motor, dos hélices, y un piloto. El motor hizo que las hélices giraran. Los hermanos Wright llamaron su nueva máquina el Wright *Flyer*.

Los hermanos regresaron a Kitty Hawk en 1903.
Estaban listos para volar. Wilbur lo intentó primero,
el 14 de diciembre, pero la máquina funcionó mal.
El fuerte viento también causó problemas.

Los vientos fuertes y el daño a la máquina voladora pueden haber sido las razones por las cuales el 14 de diciembre Wilbur Wright no pudo hacer que el *Flyer* de 1903 volara.

El turno de Orville llegó el 17 de diciembre. ¡Su vuelo sólo duró 12 segundos, pero estableció un récord! Fue el primer vuelo que transportó a una persona en una máquina que se elevó por sí misma en el aire mediante su propia fuerza.

Los hermanos hicieron otros tres vuelos en el *Flyer*. ¡El último vuelo hecho por Wilbur duró 59 segundos, y el avión viajó 260 metros (852 pies)!

Para 1909, Orville Wright estaba enseñando a volar a estudiantes militares. En julio de 1909, un estudiante en Fort Myer, en Virginia, completó un vuelo que duró una hora.

Los hermanos Wright siguieron fabricando máquinas voladoras con motores cada vez más potentes. También aprendieron a dirigir y controlar mejor las máquinas. Pronto estaban entrenando a otros para que fueran pilotos. ¡Había tantas personas que deseaban volar!

Glosario

controlado — dirigido o guiado por una persona siguiendo ciertas instrucciones o efectuando ciertas acciones

equilibrado — estable y bajo control, con el peso distribuido uniformemente

experimentar — (v) probar ideas o nuevas maneras de hacer cosas

giratorio — que da vueltas alrededor de un eje central

hélice — objeto con una o más aletas ligeramente torcidas que fuerzan el aire hacia afuera cuando giran

helicóptero — una aeronave que vuela al usar la fuerza de un rotor giratorio, que es una aleta parecida a una hélice fija a la parte superior de la aeronave

inclinar — inclinar un avión de modo que pueda dar vuelta

militar — relacionado con las fuerzas armadas de un país

piloto — persona que tiene capacitación especial para volar un avión

planeadores — avion es que no tienen motores y sólo usan el viento y las corrientes de aire para mantenerse volando

timón — la parte plana, vertical, de la cola de un avión

túnel de viento — tubo grande y redondo a través del cual se fuerza aire a grandes velocidades para estudiar cómo fluye alrededor de objetos de diferentes tamaños y formas

Libros

Aviones del pasado. Mark Beyer (Rosen)

Dime por qué tienen alas los aviones. Los estupendos (series).
Shirley Willis (Children's Press)

Los hermanos Wright. Gente que hay que conocer (series).
Jonatha A. Brown (Gareth Stevens)

Orville y Wilbur Wright. Inventores famosos (series).
Ann Gaines (Rourke)

Por avión. ¡Vámonos! (series). Susan Ashley (Gareth Stevens)

Índice

Sobre la autora

Monica L. Rausch tiene una maestría en formación literaria por la Universidad de Wisconsin-Milwaukee, donde actualmente da clases sobre composición, literatura y redacción creativa. Le gusta escribir ficción, pero también le divierte escribir sobre hechos reales. Monica vive en Milwaukee cerca de sus seis sobrinos a quienes les encanta escuchar los libros que les lee.